Made in the USA
Coppell, TX
08 April 2024

31041977R00070